JEAN MATRICON
Illustrations de
DANIEL RIBERZANI

Cuisine et molécules

ECHOS
Hachette

Ministère
de l'Education Nationale

Palais de la Découverte

Le Palais de la Découverte est apparu, au sein du Grand Palais, à l'occasion de l'Exposition Universelle de 1937.

Depuis un demi-siècle, en suivant le progrès scientifique et en recourant à des techniques de présentation sans cesse améliorées, il offre à des visiteurs toujours plus nombreux l'occasion d'un premier contact avec l'astronomie, la biologie, la chimie, les mathématiques, la physique et les sciences de la Terre : contact aussi actif que possible grâce à des démonstrations et à la prise en main directe de multiples expériences ; contact prolongé pour ceux qui le désirent et disposent déjà d'une formation scientifique et technique, par des conférences sur l'actualité de la recherche.

Fait par et pour ceux qui aiment les sciences, lieu de loisir enrichissant, le Palais peut se flatter d'avoir servi de référence à d'autres établissements créés à l'étranger, et d'être resté, dans le souvenir de nombreux scientifiques, l'endroit où s'est éveillée leur vocation.

Vous aussi, le Palais espère vous accueillir.

En attendant, il vous propose ce livre, qui sera une ouverture sur le monde si riche et si pleinement humain de la connaissance scientifique.

Avenue Franklin-D.-Roosevelt 75008 PARIS.
M° Champs-Élysées-Clemenceau ou Franklin-D.-Roosevelt
Ouvert tous les jours de 10 h à 18 h sauf le lundi (fermé le 1er janvier, 1er mai, 14 juillet, 15 août et 25 décembre).
Renseignements tél. : 43.59.18.21 (répondeur).
Visites spéciales pour groupes tél. : 43.59.16.65 poste 321.

Une recette, pour quoi faire ?

Il existe, entre un plat délicatement cuisiné et les matériaux bruts dont le cuisinier s'est servi pour le confectionner, la même différence qu'entre le vitrail d'une cathédrale et le sable de la plage, qu'entre le fuselage d'un avion et une argile rougeâtre appelée bauxite : partout, la maîtrise de l'homme de l'art a transformé la matière primitive en un produit hautement élaboré.

En quoi consiste donc ce « savoir-faire » ? Quels sont ces secrets jalousement cachés qui permettent à celui qui les détient de transformer la paille en or ? Heureusement, pour ce qui est de la cuisine, les secrets n'en sont pas vraiment, et nous allons voir qu'il suffit de connaître quelques règles simples issues de la physique, de la chimie et de la biologie pour oser entreprendre de confectionner, sans risques de catastrophe aussi bien des soufflés gonflés et dorés à souhait que des sauces aux noms exotiques ou des plats dont l'arôme emplit la maison et dont la seule évocation mettra l'eau à la bouche.

Ce livre n'est pas un livre de cuisine et les recettes qui s'y trouvent ne sont que des exemples destinés à illustrer quelque point qu'on vient juste d'expliquer. Le numéro de la recette est alors indiqué dans le texte. Elles sont là comme des sortes de travaux pratiques et le lecteur est invité à les essayer, pour son amusement et peut-être aussi pour le plaisir de ses amis. Mais ce livre n'aura atteint son but que si le lecteur se sent ensuite capable de partir à l'aventure dans la cuisine, sans livre de recette ni fiche-cuisine, pour réaliser ce que sa fantaisie lui dicte et pour que le résultat corresponde à ses espérances.

Une brique, une maison, un atome, un bœuf...

Pour construire une maison, il faut réunir beaucoup de matériaux différents : du mortier, des briques, du bois, du verre, différents métaux pour les installations électrique et sanitaire, etc. Puis on peut se demander de quoi ces matériaux eux-mêmes sont faits : le mortier est fait de chaux, de sable et d'eau, la brique d'argile, le verre de sable fondu, et ainsi de suite. Et la chaux, et l'argile, et le sable, et l'eau, que faut-il pour les fabriquer ?

Les atomes

Les chimistes nous ont appris qu'à la base de cette structure hiérarchique se trouvaient les « éléments », chacun caractérisé par un type d'atome spécifique. Ces éléments portent des noms dont certains sont connus de tous, tels l'oxygène, l'azote, le carbone, le fer, etc., d'autres beaucoup moins (connaissez-vous le dysprosium ?). La Terre nous en propose 92 différents, et il y a fort à parier que l'univers entier ne fait pas beaucoup mieux. À noter que l'homme a su fabriquer une dizaine d'éléments nouveaux, qui n'existaient pas sur la Terre, mais cette histoire n'a rien à voir avec l'art culinaire.

Pour cuisiner un plat, il faut aussi beaucoup de matériaux différents : viandes, légumes, matières grasses, épices, sel et bien d'autres choses encore. Pour tenter de comprendre comment ces constituants s'unissent pour aboutir à un résultat harmonieux, nous devons nous poser les mêmes questions que précédemment et redescendre jusqu'à la base, c'est-à-dire aux atomes. Nous en trouvons un petit nombre, de l'ordre de la douzaine, dont quatre dominent largement la scène : le carbone, l'azote, l'oxygène et l'hydrogène. Vien-

CHAUX

nent ensuite le sodium, le chlore, le phosphore, le potassium et le calcium. Les autres, importants pour notre santé, ne jouent aucun rôle en cuisine et nous n'en parlerons pas.

Les atomes s'unissent en molécules

Très rares sont les atomes qui supportent de vivre isolés. En général, ils préfèrent s'associer, soit entre eux, soit avec des atomes différents, et on donne le nom de molécule à cette association. Le nombre d'atomes qui peuvent s'unir pour former une molécule est à peu près illimité et nous rencontrerons fréquemment ces monstres qu'on appelle macromolécules, et qui peuvent contenir des millions d'atomes. Les petites associations à deux ou trois atomes sont courantes et une des plus

importantes est l'eau, si importante qu'elle aura droit à un chapitre pour elle seule. Elle est formée de trois atomes, un d'oxygène flanqué de deux d'hydrogène auxquels il est solidement attaché. C'est une toute petite molécule : dans un litre d'eau, il y en a environ trente millions de milliards, si toutefois ce nombre gigantesque a la moindre signification. En fait, il veut simplement dire qu'une molécule toute seule, quelle qu'elle soit, est toujours un objet fantastiquement petit. Le sucre est une molécule déjà plus grosse, fière de ses douze atomes de carbone, vingt-deux d'hydrogène et onze d'oxygène, formant deux petits anneaux qui se tiennent par la main.

La nature de la liaison qu'échangent entre eux les atomes pour former les molécules est d'une grande importance en cuisine, car une partie de l'art culinaire consiste à briser de façon contrôlée certaines de ces liaisons et éventuellemet d'en reformer d'autres ailleurs. Les chimistes nous ont montré qu'il existe plusieurs sortes de liaisons entre atomes, de solidités très différentes : certaines (celles qui lient les atomes dans les briques, par exemple) sont totalement incassables avec les moyens dont nous disposons dans notre cuisine, alors que d'autres se cassent au contact de quelques gouttes de jus de citron ! Nous verrons que la chaleur constitue un des meilleurs outils à briser les liaisons, ce qui explique le rôle fondamental du réchaud dans la plupart des actes culinaires, mais aussi celui du réfrigérateur lorsqu'il s'agit au contraire de ne rien casser pour conserver intacts des produits.

Les petites molécules s'attachent entre elles

Assurer l'immense diversité du monde vivant à l'aide de douze éléments différents n'est pas une mince affaire ! Même les petites molécules de quelques dizaines d'atomes n'y suffisent pas. Pour pouvoir fabriquer aussi bien des vaches que des huîtres, des choux-fleurs ou des bactéries, la nature a eu recours à un stratagème très efficace qui consiste à construire d'énormes molécules en liant bout à bout des centaines, voire des milliers de petites molécules.

Si les maillons de la chaîne ainsi formée sont tous identiques, la variété ne peut venir que de la façon de les lier entre eux : supposons que, disposant d'une boîte pleine de cubes tous semblables, nous jouions à les aligner. Nous pouvons les accoler face contre face ou arête contre arête ou encore une face contre une arête ou de quelques autres manières, mais le nombre de possibilités reste limité. Nous verrons que l'amidon, constituant principal de la farine, relève de cette stratégie.

Si au lieu d'une seule sorte de cubes, nous en avons, par exemple, vingt et une, la variété des chaînes possibles devient pratiquement infinie. En puisant dans une boîte de vingt et une petites molécules différentes, mais disposant toutes du même système d'attache, la nature s'est donné le moyen de construire ces étonnantes structures qu'on appelle les protéines, et dont le rôle dans le fonctionnement de la vie, mais aussi dans l'art culinaire, est fondamental.

Les protéines diffèrent entre elles par le nombre, le choix et l'ordre des molécules liées les unes aux autres. Comme ces molécules sont elles-mêmes très différentes les unes des autres, on entrevoit l'immense variété à laquelle on peut parvenir : que l'on songe à tous les mots qu'on peut faire avec les vingt-six lettres de l'alphabet !

En outre, ces chaînes sont flexibles et peuvent se replier sur elles-mêmes comme des serpents, donnant ainsi l'occasion à deux molécules éloignées l'une de l'autre le long

La molécule d'amidon *est une longue chaîne formée de plusieurs milliers de molécules de glucose à la queue leu leu. Le glucose est le sucre le plus employé en confiserie et pourtant la farine, formée d'amidon et donc de glucose, n'est pas du tout sucrée.*

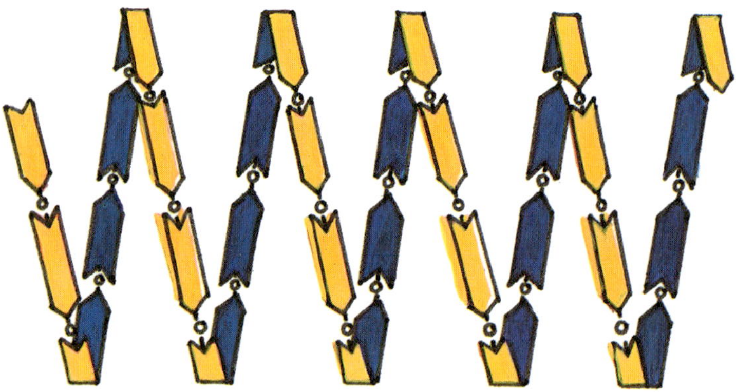

La molécule de la protéine ovalbumine, *principal constituant du blanc d'œuf, est aussi une chaîne, mais les maillons ne sont pas tous identiques. Chacun des 20 acides aminés est représenté ici par une lettre dans ces fragments de chaîne. La molécule complète comprend 172 maillons.*

de la chaîne de se retrouver côte à côte. Si ces molécules sont faites de telle sorte qu'elles puissent s'accrocher l'une à l'autre, la boucle ainsi formée est stabilisée et la chaîne a perdu un peu de flexibilité. De proche en proche, d'accrochage en accrochage, toute la chaîne se retrouve lovée sur elle-même, rigidifiée dans une structure spatiale compliquée, dont va dépendre sa fonction dans l'organisme vivant qui l'a fabriquée. Or ces nouvelles liaisons sont en général assez fragiles, parfaitement sensibles à la chaleur de la cuisinière ou du four : bien les rompre est une partie importante du savoir-faire d'un chef cuisinier.

Les superstructures : cellule et organisme

Aussi performantes qu'elles soient, les protéines ne suffisent pas à elles seules à constituer des organismes d'où nous puissions tirer des œufs, des entrecôtes ou une julienne (1), qui est un potage fait avec des légumes coupés en petits dés. Les organismes vivants dont nous extrayons nos matières premières sont des assemblages extrêmement complexes de molécules de toutes tailles dont les protéines ne forment qu'une partie. La nature de ces structures ne nous concerne ici que dans la mesure où elle intervient dans la cohésion, la texture, la consistance et en fin de compte le goût de nos aliments. On se contentera de se souvenir que tout organisme vivant est formé d'un empilement de petites boîtes presque étanches qu'on appelle des cellules, collées, soudées les unes aux autres lorsqu'elles forment des tiges ou des muscles, ou bien libres de se mouvoir à l'intérieur des organismes, comme les globules du sang ou les bactéries.

Toutes les cellules d'un même organe se ressemblent et contiennent à peu près le même échantillonnage de molécules, grosses et petites. Par contre, les cellules d'organes différents peuvent être extrêmement dissemblables, tant par leur taille que par leur contenu. C'est à cause de ces différences qu'un rôti de porc n'a pas le même goût qu'un filet de sole et que les préparations de ces deux mets n'ont aucun point commun.

Et maintenant, au travail...

Maintenant que nous savons un peu de quoi sont constitués

nos aliments, nous pouvons percevoir le rôle du cuisinier : de même qu'un être vivant est un ensemble unique d'atomes, de molécules, petites et géantes, de cellules et d'organes, de même une préparation culinaire est un ensemble tout aussi unique des mêmes éléments, mais regroupés différemment, remélangés et restructurés pour le plus grand plaisir de notre palais. Pour arriver à ce résultat, des règles simples doivent être respectées, que nous allons découvrir. Ensuite vient l'expérience, et nous tenterons d'en acquérir un peu. Enfin vient l'Inspiration, et ça, c'est une autre affaire..., mais il ne coûte rien d'essayer !

L'eau et le feu

Toutes les matières qui entrent dans notre nourriture sont formées de molécules, certaines très petites, d'autres monstrueuses, toutes plus ou moins disposées à s'associer entre elles ou à se repousser. L'art du cuisinier consistera précisément à diriger leurs jeux, à unir celles qui ont des affinités, à briser celles qui sont trop grosses, à réorganiser à son gré les édifices complexes que lui propose la nature. Nous allons parcourir rapidement ce monde microscopique, car c'est en connaissant les molécules que nous apprendrons à notre tour à les dominer.

L'eau est certainement la substance la plus importante de la matière vivante et de la vie. Il n'est donc pas surprenant que nous la trouvions en première position parmi les molécules utilisées dans la cuisine.

L'eau sous toutes ses formes

Les raisons pour lesquelles l'eau nous intéresse ici sont les suivantes :

1) L'eau est présente dans tous les aliments à des degrés divers, formant 95 % d'une laitue fraîche, 70 % d'un poisson et 35 % d'un pain !

2) L'eau ne demande qu'à quitter des aliments qui en sont remplis pour pénétrer dans des aliments secs. Mais en se déplaçant, elle entraîne avec elle toutes sortes d'autres molécules dont l'importance est considérable : prenons l'exemple du sel, sans lequel tout serait si fade, et qui ne pénètre dans la viande et les légumes que si l'eau a bien voulu le transporter.

3) Lorsque la température descend à zéro degré, l'eau pure devient de la glace — plus volumineuse que l'eau liquide — et la température demeure à cette valeur aussi longtemps qu'il reste de l'eau liquide. Elle se met à bouillir et se change en vapeur lorsque le thermomètre indique cent degrés (du moins à l'air libre et au niveau de la mer ; nous verrons comment la marmite à pression, la « cocotte-minute », intervient sur la température d'ébullition), et là aussi, la température reste constante tant qu'il y reste du liquide.

La glace, l'eau liquide et la vapeur d'eau sont toutes formées de la même molécule (un atome d'oxygène et deux atomes d'hydrogène) et la différence vient uniquement de la façon dont les molécules se comportent entre elles : quand il fait froid, nous savons qu'elles ne bougent pas beaucoup, tout au plus ont-elles un léger tremblement. Comme elles aiment bien se lier un petit peu les unes avec les autres (les atomes d'hydrogène adorent tendre la main aux atomes d'oxygène des autres molécules, lesquels ne la refusent pas), elles se rangent bien sagement les unes à côté des autres, s'empilent les unes sur les autres et forment un ensemble solide et dur qu'on appelle un cristal de glace. Si l'on chauffe ce cristal, on agite de plus en plus les molécules jusqu'au moment où elles cassent les liaisons rigides qui les immobilisaient et se mettent joyeusement à se poursuivre, à se faufiler entre leurs voisines, à glisser les unes sur les autres, tout en restant bien groupées. Le résultat de ce beau désordre est ce qu'on appelle un liquide, c'est l'eau dans la carafe. Si nous chauffons encore plus, leur agitation est telle que rien ne peut plus les retenir : elles partent à l'aventure dans l'air aussi vite qu'elles peuvent, c'est l'ébullition et la transformation en gaz, la vapeur d'eau.

4) L'eau liquide est un milieu étrange, dans lequel se

produisent des phénomènes qui ne pourraient arriver nulle part ailleurs : certaines molécules, mises dans l'eau, se cassent spontanément en plusieurs molécules plus petites, rendant ainsi possibles des réactions chimiques qui n'auraient jamais eu lieu autrement : c'est ce qui arrive au sel, formé de l'union d'un atome de chlore et d'un atome de sodium, lesquels, une fois dans l'eau, partent chacun de leur côté vivre leur vie et rencontrer qui bon leur semble. C'est très probablement cette étonnante propriété qui a rendu la vie possible sur la Terre, mais en ce qui nous concerne, elle est responsable du goût « acide » du citron et du vinaigre.

5) Nous savons que lorsqu'on les met dans de l'eau, le sel et le sucre semblent disparaître et nous disons que ces substances sont « solubles » dans l'eau. Nous savons également que, malgré tous nos efforts, l'huile refusera toujours de se dissoudre dans l'eau. Cet antagonisme entre molécules solubles et insolubles dans l'eau se complique du fait que certaines substances, par exemple les vitamines A et D, sont solubles dans l'huile mais pas dans l'eau, ce qui ne facilite pas leur absorption comme médicaments.

Il est inutile d'allonger la liste, car la présence de l'eau à chaque page de ce livre donnera l'occasion d'en apprendre bien plus. On serait tenté de dire qu'il n'y a pas une seule action en cuisine où elle ne se manifeste pas d'une façon ou d'une autre, où l'une au moins de ses propriétés n'intervienne. Mais elle n'est pas seule dans ce rôle de vedette.

Le chaud et le froid

L'homme a certainement franchi une des étapes les plus importantes vers la civilisation lorsqu'il a su cuire les aliments. Que se passe-t-il donc de si important lorsqu'on chauffe les molécules en général, les molécules alimentaires en particulier ? Plus on chauffe un corps ou, plus exactement, plus on élève sa température, plus ses molécules et même les atomes à l'intérieur des molécules s'agitent de façon désordonnée. Pour les énormes molécules dont nous avons parlé plus haut, le résultat est catastrophique : les fragiles liaisons qui tenaient les chaînes repliées sur elles-mêmes ne peuvent résister à ces secousses et se rompent. Les chaînes peuvent alors se débobiner, ce qui change complètement leurs propriétés, et peuvent même, si la température devient excessive, se casser en fragments plus petits. En conséquence, ce qui était dur peut devenir tendre (4), ce qui était insipide peut acquérir un goût merveilleux et ce qui était vivant meurt (avantage non négligeable s'il s'agit de bactéries dangereuses). Les grosses molécules ne sont pas les seules à souffrir d'une température élevée, surtout si elle dépasse 100 degrés, ce qui se produit quand toute l'eau s'est évaporée : le caramel, si délectable lorsqu'il est blond (13) et si amer lorsqu'il est presque noir, nous montre ce que deviennent les molécules de sucre dans ces conditions.

Il est bien évident que lorsque les protéines se débobinent, les structures complexes dont elles forment les briques se lézardent sérieusement. Les architectures cellulaires s'effondrent et tout le contenu des cellules se répand à l'extérieur (8 et 11), pour notre plus grand plaisir, car des fumets délicieux peuvent alors se révéler. Cette désorganisation de tous les tissus change aussi la consistance des aliments. Des viandes ou des légumes coriaces finissent par devenir tendres, voire par partir en bouillie si la cuisson dure trop.

En résumé, l'échauffement désorganise les structures des aliments crus, et l'art du cuisinier consiste à profiter de cette situation. Les exemples ne manqueront pas !

Pour ce qui nous occupe, le rôle du froid est mineur. C'est un outil pratique, non un des éléments fondamentaux de la confection des mets. Si la chaleur produit l'agitation, le froid engendre l'immobilité. Un calme relatif remplace le mouvement incessant des atomes et des molécules. Les liaisons chimiques ont moins de chances de se briser. L'eau liquide devient glace, ce qui arrête toute trace de vie active. Tout au plus certains organismes (les bactéries par exemple) peuvent-ils survivre à la congélation si celle-ci s'est effectuée de façon progressive. Le froid est donc essentiellement un moyen de conservation qui devrait restituer après réchauffement les aliments dans l'état où ils étaient au moment de la congélation. Ce n'est malheureusement pas le cas, surtout pour les aliments à forte teneur en eau. En effet, l'augmentation de volume de l'eau lorsqu'elle devient glace et la forme en aiguilles acérées des cristaux qui se forment déchirent les parois des cellules presque aussi bien que le fait la cuisson, mais sans débobiner les protéines. Tout ceci produit lors de la décongélation d'horribles mélanges de toutes sortes de molécules qui se détruisent les unes les autres si on leur en laisse le temps. C'est pourquoi il est expressément recommandé de faire cuire viandes, poissons ou légumes crus dès leur décongélation. Il serait injuste de ne pas mentionner l'existence des glaces et sorbets dans le chapitre du froid culinaire, mais sans en dire plus pour l'instant (3 et 13).

La rivalité du gras et du maigre

L'eau et l'huile sont deux liquides ennemis qui semblent s'éviter chaque fois qu'on les rapproche. Pourtant ils sont indispensables l'un et l'autre. On peut les utiliser séparément en respectant le rôle spécifique de chacun, mais que faire lorsqu'il faut absolument les réunir ?

Il n'est pas simple d'expliquer pourquoi les corps gras ne sont pas solubles dans l'eau. Nous nous contenterons de l'idée que les molécules des corps gras n'ont aucune affinité pour les molécules d'eau, qui d'ailleurs le leur rendent bien. Elles ont en général une structure allongée, dans laquelle on peut distinguer une « tête », qu'on a pris l'habitude de représenter par une petite boule d'où partent une, deux ou trois longues queues, chacune formée d'une farandole d'atomes de carbone qui se tiennent par la main, décorée avec des atomes d'hydrogène. Ces queues sont prêtes à faire n'importe quoi pour ne pas rencontrer d'eau. Le beurre, les graisses animales (la graisse d'oie, le saindoux qui vient du porc, le suif qui vient du bœuf), les huiles végétales (arachide, olive, tournesol, etc.), ainsi que les corps gras un peu synthétiques comme la margarine diffèrent entre eux par des détails dans la structure de leurs queues, mais ont tous en commun leur haine de l'eau.

Les corps gras sont des molécules assez grosses et trapues qu'on peut chauffer sans craindre de les voir s'évaporer trop vite. Elles ne contiennent pas d'eau, et la barrière fatidique de cent degrés où l'eau se met à bouillir n'en est pas une pour elles. On peut les chauffer largement au-delà de cent degrés sans que rien ne se produise. Mais alors, attention à la moindre petite goutte d'eau qui tomberait par malheur dans la poêle, et surtout malheur à l'imprudent qui se trouverait à côté et serait aspergé de petites gouttelettes d'huile

terriblement brûlantes, projetées dans tous les sens par la véritale explosion de la goutte d'eau qui s'est vaporisée instantanément ! Il faut toujours essuyer les frites avant de les plonger dans la friture.

Un exemple de cohabitation stable, la mayonnaise

L'aversion profonde et réciproque de l'huile et de l'eau tient à la structure des molécules d'huile dont les longues chaînes zigzagantes ne supportent pas le frôlement des molécules d'eau et préfèrent se serrer frileusement les unes contre les autres. Et pourtant, l'eau et les graisses sont toutes deux indispensables à la vie et doivent coexister à l'intérieur des organismes. Il a donc bien fallu inventer une méthode de cohabitation. Imaginons deux populations de monstres condamnées à vivre dans la même pièce, les uns revêtus de longs poils soyeux, les autres d'écailles hirsutes et piquantes. Les deux groupes se haïssent, et aucun monstre d'une espèce ne peut supporter le contact d'un monstre de l'autre espèce (alors qu'entre eux ils adorent se frotter les uns contre les autres). Pour rendre la cohabitation possible, ils ont eu l'idée de tendre en travers de leur pièce un grand rideau très

souple, couvert sur une face de longs poils soyeux et sur l'autre d'écailles piquantes. Ainsi séparés, ils vivent en bonne entente ; si quelques monstres soyeux doivent absolument traverser l'autre territoire, ils s'entourent d'un morceau du tissu magique, les piquants vers l'extérieur, et circulent alors sans encombre, complètement ignorés par leurs ennemis (le même stratagème, en sens inverse, c'est-à-dire avec les longs poils à l'extérieur, permet évidemment aux monstres piquants de traverser le territoire des soyeux sans ennuis).

Pour fabriquer le rideau magique, la nature a inventé des molécules mixtes, formées de longues jambes de nature huileuse attachées à une tête qui porte tout ce qu'il faut pour attirer les molécules d'eau. Ces molécules sont susceptibles de s'ordonner pour former une sorte de tapis, les têtes serrées les unes contre les autres constituant la trame et toutes les jambes rangées

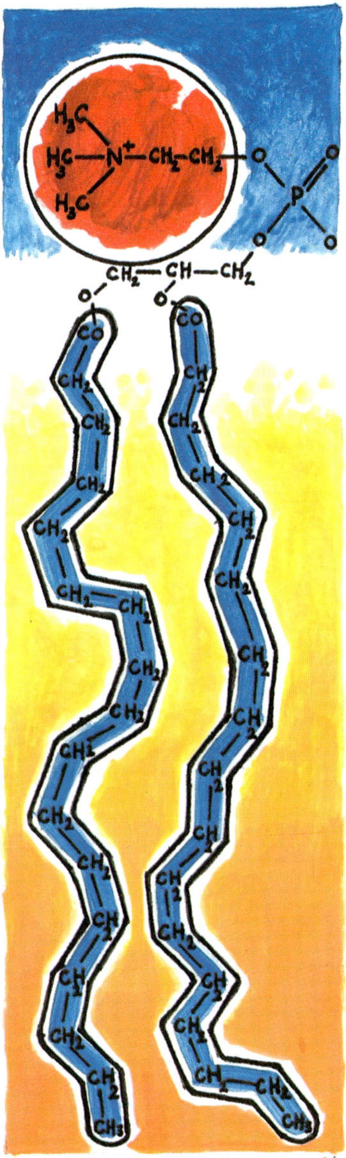

La molécule de lécithine, abondante dans le jaune d'œuf, est une molécule de corps gras dans laquelle une des trois chaînes « grasses » (représentées ici par les longs serpents bleus) est remplacée par un groupement portant des charges électriques (la grosse boule rouge), qui a une grande affinité pour l'eau. La lécithine est la molécule-tapis par excellence.

du même côté formant les poils. On conçoit comment ce tapis peut jouer le rôle de rideau magique entre de l'eau et un corps gras. Ce dernier se met du côté des poils, pour lesquels il a une grande affinité puisqu'ils sont eux-mêmes de nature « huileuse », tandis que l'eau se sent spontanément à sa place sur l'autre face, au contact des têtes « hydrophiles », ce qui veut dire « qui aiment l'eau ».

La solidité du tapis dépend de l'envie qu'ont les têtes de rester fixées les unes aux autres ou, pour parler plus scientifiquement, de la force des interactions attractives qu'elles exercent entre elles. Or ces interactions se trouvent renforcées si l'eau contient du sel. En effet, toutes les têtes portent des charges électriques de même signe, qui, se repoussant, nuisent à la solidité du tapis. Nous savons déjà que, dans l'eau, le sel se décompose en atomes de chlore et de sodium, ou plus exactement en ions, c'est-à-dire en atomes portant des charges électriques, l'ion chlore étant chargé négativement et l'ion sodium positivement. Ces ions, qui se meuvent librement dans l'eau, vont être attirés par les charges électriques des têtes du tapis et vont partiellement neutraliser celles-ci, augmentant ainsi la stabilité du tapis.

Si nous agitons vigoureusement un mélange d'huile et d'eau, l'huile se sépare en petites gouttelettes qui flottent dans l'eau et remontent lentement vers la surface. Mais la répulsion entre les deux corps est telle que les gouttes préfèrent s'unir et redonner une couche d'huile homogène à la surface de l'eau. Ajoutons un peu de nos molécules-tapis. Sans que nous puissions le voir, elles vont immédiatement s'étaler à l'interface entre huile et eau. Lorsque nous agitons, chacune des gouttelettes d'huile s'entoure maintenant d'une couche de nos fameuses molécules, dont les jambes plongent dans l'huile et dont les têtes nagent dans l'eau, isolant ainsi les deux ennemis. Les molécules antagonistes ne cherchent plus à s'éviter et les petites sphères d'huile peuvent alors rester en suspension indéfiniment (surtout si un peu de sel donne de la solidité au tapis) : nous avons réalisé ce qu'on appelle en chimie une émulsion, et en cuisine une mayonnaise (2et5).

Il ne reste plus qu'à savoir où l'on trouve ces fameuses molécules. La réponse est simple : le premier morceau de savon fera l'affaire. En effet chaque fois qu'on se lave les mains, on peut dire qu'on réussit une sorte de mayonnaise, car le rôle du savon est précisément d'émulsionner les graisses, en particulier celles que nous avons sur les doigts, ce qui permet à l'eau de les entraîner. Comme la mayonnaise au savon n'est pas vraiment agréable au goût, on préfère utiliser une molécule-tapis plus consommable, appelée lécithine, qu'on trouve en abondance dans le jaune d'œuf. À partir de là, tout est dit et le reste n'est que de la mise en scène. Quiconque, homme ou femme, ajoutera à quelque moment que ce soit à un jaune d'œuf (même sortant du réfrigérateur) bien séparé du blanc une pincée de sel, une demi-cuillerée à café de vinaigre ou de jus de citron et une demi-cuillerée à café de moutarde (ces derniers éléments participent, avec le sel, à la solidité du tapis) et fera couler un mince filet d'huile en remuant vigoureusement avec une cuiller (il peut changer de sens de rotation autant de fois qu'il lui plaît), obtiendra *à coup sûr* en peu de temps une mayonnaise onctueuse et délicieuse.

Les deux cuissons ou le cocon et l'éponge

Nous avons déjà donné quelques-unes des raisons pour lesquelles l'homme avait un jour décidé de faire cuire ses aliments. Nous allons reprendre ce point capital plus en détail car il existe d'innombrables façons de faire cuire le moindre mets, certaines faciles, d'autres moins, certaines judicieuses, d'autres catastrophiques.

On peut distinguer deux grandes stratégies dans la cuisson : l'une consiste à traiter l'aliment végétal (légume) ou animal (poisson, viande et dérivés, tel que fromage) avec l'idée que c'est lui, l'aliment considéré, qui nous intéresse, que c'est de lui que nous espérons nous régaler. Dans l'autre stratégie, on envisage l'aliment qu'on fait cuire comme un ingrédient, une sorte de faire-valoir destiné à donner du goût à un plat complexe dans la composition duquel il ne figure pas forcément en tant que tel. Deux exemples vont éclairer ce propos : la cuisson d'un steak, d'un œuf au plat relève de la première option. Il faut alors mener la cuisson de façon que tout le goût reste dans la viande ou dans l'œuf et que le peu qui aurait pu s'échapper soit soigneusement récupéré. Appelons ça la *méthode du cocon* par référence à cette délicate enveloppe dont s'entoure pudiquement la chenille pour se transformer en papillon. En revanche, lorsqu'on élabore une sauce particulièrement fine, il est recommandé d'utiliser non pas de l'eau pour la « mouiller », mais ce que le cuisinier appelle un « fond ». Comment faire un fond de veau, par exemple ? On cuit durant des heures dans de l'eau un morceau de viande de veau riche en os et en cartilage, dûment assaisonné de légumes, de sel et d'épices (8). Tout l'arôme passe des éléments solides dans le liquide et lui seul nous intéresse. On ne garde alors que lui, et on peut jeter le reste qui n'a d'ailleurs plus de goût. Nous dirons que nous avons cuit notre veau suivant la *méthode de l'éponge.*

La coagulation ou le jeu du chat et des pelotes

Nous rencontrerons de multiples cocons au cours de ce livre et nous allons commencer par le plus naturel, celui que les aliments sécrètent d'eux-mêmes. Laissons de côté l'œuf ou le homard, qui nous arrivent déjà tout entourés de leur enveloppe et pensons à un gigot d'agneau par exemple, ou à une truite, qu'aucune barrière particulièrement solide ne protège. Nous savons que ces deux objets appétissants ne sont que des sacs remplis, entre autres, de protéines, ces énormes molécules fragiles que la moindre chaleur débobine. C'est ici le moment de parler d'une propriété providentielle de ces protéines, la coagulation.

Imaginons une grande corbeille pleine de pelotes bien faites, enroulées serrées. Amenons devant cette corbeille un jeune chat joueur. Il commence par faire rouler les pelotes les unes sur les autres et comme elles sont bien serrées, rien de grave n'arrive. Si, à ce moment, le minet s'en va, personne ne trouve à redire. Mais si notre joueur s'énerve, commence à griffer les pelotes au point d'en briser quelques fils, continue à jongler avec tout ce qu'il peut accrocher, bouts de pelotes et de brins emmêlés, le résultat sera spectaculaire. Au lieu d'un ensemble d'objets distincts, on aura une seule masse enchevêtrée de tous les fils de toutes les pelotes formant une sorte de tissage désordonné, qui vaudra probablement à son auteur quelques ennuis !

À quelques détails près, c'est ce qui se passe lorsque nous remplaçons les pelotes par des protéines et le chat par la... chaleur. Les grands bras tortillants que les protéines débobinées étirent dans tous les sens ne demandent qu'à s'accrocher à ceux de leurs voisines, ce qui en peu de temps fabrique une masse compacte. En outre, la plupart des protéines, contrairement aux corps gras, ont une extrême affinité pour l'eau et cherchent à s'entourer de véritables manchons de molécules d'eau. On imagine alors à quoi ressemble le champ de bataille : notre inextricable écheveau est rigidifié par toutes ces molécules d'eau dont les bras des protéines se sont entourés, formant une sorte de solide imperméable dont le blanc d'un œuf dur est un exemple familier (12 et 13).

Avez-vous déjà observé la cuisson d'un œuf au plat ? Au début, le blanc est un liquide très épais, visqueux, translucide, formé presque exclusivement d'une seule sorte de protéine dont les molécules, petites sphères flottant librement dans l'eau, sont en quelque sorte nos pelotes bien serrées. Dès que le chauffage de la poêle commence à agir, on voit des zones blanches et opaques naître dans le liquide et s'étendre rapidement. Si nous y enfonçons un couteau, nous pouvons facilement les couper, ce qui nous montre que le liquide s'est solidifié : opacification et solidification traduisent la formation du réseau de pelotes débobinées. Si nous pouvions voir nos protéines, nous ne les reconnaîtrions plus : au lieu des petites boules, nous verrions l'indémêlable fouillis dont nous avons parlé, et plus la cuisson se prolonge, moins il reste de place aux molécules d'eau pour circuler, plus la masse blanche devient rigide. Continuons encore et les protéines du jaune, un peu plus solides, se débobinent et s'accrochent elles aussi. À ce stade, il vaut mieux arrêter la cuisson, car ce qui reste dans la poêle ne mérite plus le nom d'œuf au plat...

La cuisson grasse, un cocon qui se fait tout seul

Revenons à notre gigot, merveille de la viande s'il en est. Nous voulons le cuire au

mieux, c'est-à-dire en gardant tout le fumet de cette chair exquise, que certains aiment rehaussée d'un peu d'ail. Comment faire en sorte que les précieuses molécules qui portent ces parfums ne s'échappent pas ? La coagulation va nous permettre de construire le plus simplement du monde le cocon dont nous avons besoin. Notre four est bien chaud, à 250 ou 300 degrés, et nous enduisons la pièce de viande (que nous avons bien pris garde de ne pas saler, nous verrons pourquoi plus tard) d'une mince couche de beurre, aussi homogène que possible. Aussitôt que nous enfournons, le beurre fond, et tapisse la viande d'un film liquide qui s'applique parfaitement sur toute la surface. Ce beurre fondu chauffe très vite et produit donc presque immédiatement la coagulation des protéines sous-jacentes qui entourent notre gigot d'un cocon naturel tout à fait efficace : la viande est « saisie »

et cuira maintenant à l'intérieur d'un écran protecteur qui, de surcroît, est exquis lorsqu'en fin de cuisson il est doré et craquant.

La friture, qui consiste à jeter les aliments crus dans un bain d'huile fortement chauffée (attention aux projections si des gouttes d'eau subsistent), relève également de la méthode du cocon par coagulation, d'autant plus efficace qu'il se forme vite. Son rôle est double dans ce cas, pour empêcher les fuites mais aussi la pénétration de l'huile, faute de quoi on obtient les célèbres frites «fast-food», prisées par certains, paraît-il. Les exemples ne manquent pas de cocons, naturels ou artificiels, comestibles ou non, plus ou moins efficaces au gré des intentions du cuisinier, et le lecteur, qui connaît certainement les pains de poisson panés et peut-être l'escalope viennoise pourra dresser sa propre liste de cocons, papillotes et autres vêtements dont aiment à se parer de nombreux plats, qui ajoutent au plaisir du palais et de la langue celui des yeux (4, 6, 10 et 11).

L'eau qui entre ou qui sort

Les livres de cuisine sont formels : certains légumes *doivent* être jetés dans l'eau froide, salée ou pas, d'autres dans de l'eau bouillante, également salée ou pas, et c'est sans appel. Il doit y avoir une raison. Nous devinons quel rôle doit revenir à la température, car l'histoire du cocon et de l'éponge est aussi vraie dans l'eau que dans l'huile.

Pour comprendre l'effet du sel, revenons à la hiérarchie des structures, et à un de ses degrés les plus élevés, la cellule. La paroi cellulaire n'est pas un mur infranchissable, sinon la pauvre cellule aurait du mal à vivre, à se nourrir, à rejeter ses déchets. Cette paroi est en fait une sorte de tamis aux trous très étroits, à travers lesquels les petites molécules d'eau peuvent passer assez librement, mais qui s'oppose catégoriquement à la circulation des très grosses molécules, et ne laisse entrer ou sortir les petites molécules solubles dans l'eau que sur présentation d'un passeport et même d'un visa. Le rôle de cette ségrégation est celui qu'on invoque toujours dans ces cas-là : empêcher l'invasion du territoire par des molécules étrangères qui pourraient amener le trouble, et garder précieusement celles qui, au contraire, sont indispensables. La libre circulation de l'eau ne pose normalement aucun problème, puisqu'il y en a partout dans les organis-

Plongées dans l'eau pure, les cellules de la carotte se gonflent et perdent leurs petites molécules, qui partent dans la casserole.

mes et que toutes les cellules en ont également besoin.

Les choses se compliquent lorsqu'une cellule se trouve non plus au contact d'autres cellules, mais directement plongée dans un bain d'eau. Imaginons un petit ballon de cellophane rempli d'eau sucrée et immergé dans une bassine d'eau pure. Si l'enveloppe du ballon s'évanouissait par enchantement à un instant donné, nous savons que les molécules de sucre se répandraient petit à petit dans toute la bassine. On peut donc dire que ces molécules ont envie de sortir du ballon, et, sentant un grand espace d'eau libre tout autour, elles ne rêvent que de s'y précipiter, exerçant ainsi une sorte de pression, sur la paroi du ballon. Cette pression existe réellement et les physiciens lui donnent le nom de pression osmotique. Sous l'effet de cette pression le ballon a tendance à se gonfler, ce qu'il ne peut faire qu'en laissant pénétrer l'eau de la bassine, laquelle, on s'en souvient, a libre circulation à travers la paroi. L'eau entre, le ballon gonfle et finit par éclater, laissant son contenu se répandre.

Si au contraire l'eau de la bassine est sucrée, très sucrée même, au point que sa concentration en molécules soit supérieure à celle du ballon, c'est l'inverse qui se produit : le ballon a tendance à se dégonfler, à laisser son eau sortir, ce qui augmente sa concentration interne. Lorsque celle-ci est la même à l'intérieur et à l'extérieur, il ne se passe plus rien, le ballon n'a tendance ni à éclater ni à se ratatiner.

Considérons maintenant les vraies cellules d'une vraie carotte plongée dans une marmite pleine d'eau dans laquelle nous ajoutons non plus du sucre mais du sel, ce qui, du point de vue de la pression osmotique, revient au même. Nous savons ce qui va arriver : si l'eau est pure, les cellules vont éclater et leur contenu se répandra dans la marmite ; si l'eau est raisonnablement salée, tout se passera bien et les cellules resteront entières ; enfin si l'eau est trop salée, les carottes vont se ratatiner et devenir dures (3 et 7)...

Nous avons trouvé une nouvelle façon de jouer au cocon et à l'éponge, que nous pouvons combiner à celles que nous connaissons déjà. Si le lecteur a bien compris ce qui précède, il doit pouvoir dire sans hésiter comment on doit commencer la cuisson d'un pied de veau, qui est le morceau de choix pour faire un « fond de veau » (8 et 12). Sans aucun doute dans de l'eau froide et non salée, ce qui tire au maximum du côté de l'éponge. Il en va de même pour les légumes secs, lentilles et haricots blancs, qui doivent récupérer l'eau qu'ils ont perdue ; il est même recommandé de les laisser un moment dans l'eau froide, pour redonner souplesse et perméabilité au cocon dont ces graines se sont entourées naturellement. À l'opposé, il existe une cuisson dite « à la ficelle » où l'on plonge un morceau de bœuf retenu par une ficelle dans un bain d'eau bouillante salée, ce qui provoque la formation d'un léger cocon, suffisant, si la cuisson n'est pas trop longue, pour conserver la saveur de la viande à l'exclusion de tout autre goût.

Un dernier mot avant de quitter l'osmose (c'est le nom savant de ce va-et-vient de l'eau à travers les membranes), au sujet de notre gigot, qu'il convenait de ne surtout pas saler en début de cuisson. Si nous avions tapissé la surface de notre rôti d'une mince couche de sel, les cellules de la viande se seraient vidées de leur eau, ce qui est normal puisque la concentration en sel aurait été plus grande à l'extérieur qu'à l'intérieur : nous aurions obtenu un effet « éponge », alors que c'est un cocon que nous souhaitions !

Sucre, amidon, farine, gâteaux

Nous avons appris beaucoup de choses dans les chapitres précédents, il va bientôt être temps de commencer à les appliquer. Nous avons mis une carotte dans de l'eau très salée, et elle s'est vidée de son contenu et ratatinée. Que va-t-il se passer si nous mettons un fruit dans de l'eau très sucrée ? La même chose, bien sûr ! Le sucre nous amène tout naturellement aux gâteaux, qui gonflent si joliment en dorant dans le four, et à la farine, cette poudre blanche dont on peut faire du ciment, de la colle ou des brioches.

Prenons une superbe fraise bien mûre, gonflée de jus et de parfum, coupons-la en deux et mettons-la dans un bol contenant un sirop de sucre. La pression osmotique va s'exercer dans le sens du plus concentré vers le moins concentré, petit à petit le pauvre fruit va se vider de tout son jus, et après quelques heures, il ne restera qu'un petit tas un peu visqueux nageant dans un océan rouge, première étape de la préparation des confitures (3 et 9).

Chauffons un peu, et toute la texture de la chair va commencer à se décomposer, relâchant dans la bassine non seulement l'eau que lui arrache la pression osmotique, mais aussi diverses molécules cachées dans les parois et au cœur des cellules, molécules porteuses de saveurs, de couleurs et de la propriété magique de rendre le contenu de la bassine pâteux, voire solide !

Pas de confitures sans de l'osmose et de la pectine

Avons-nous découvert quelque nouvel effet ? Nous avons déjà vu des liquides devenir solides par chauffage : qu'on se souvienne du débobinage des protéines, qui nous a expliqué le durcissement du blanc d'œuf. Ce qui se passe ici est de même nature, mais les molécules concernées ne sont pas des protéines, mais des pectines. Ce sont aussi des macromolécules, mais elles ne sont pas bâties avec les mêmes briques et elles sont loin d'avoir les propriétés

FAR

merveilleuses des protéines. Elles sont cependant capables de s'accrocher les unes aux autres et de remplir toute la bassine à confiture d'un réseau assez lâche, qui, au cours du refroidissement, emprisonne les molécules d'eau dans des sortes de cages, ce qui les empêche de se mouvoir librement. Contrairement à ce qui se passe avec les protéines, ce durcissement est réversible : il suffit de chauffer notre gelée pour la voir fondre et couler, par exemple au fond de la tasse du petit déjeuner.

L'éclatement osmotique des cellules dans un sirop de sucre et la libération des pectines par échauffement doux sont les deux étapes de la préparation des gelées, de groseille et de cassis par exemple. Pour faire des confitures, il faut forcer un peu plus les effets de la chaleur et atteindre une température où des liaisons chimiques assez solides commencent à se rompre. Les cent degrés de l'ébullition de l'eau nous empêcheraient d'y parvenir, mais heureusement la physique met à notre disposition une loi très pratique qui nous dit que lorsqu'on dissout un corps solide dans de l'eau, la température d'ébullition augmente d'autant plus que la concentration est plus grande : un sirop contenant 900 grammes de sucre dans un litre d'eau bout aux alentours de 130°. C'est à peu près la température à laquelle va se faire la cuisson des confitures ; malheur à qui tremperait son doigt dans la bassine pour goûter ! Plus on chauffe, plus

l'eau s'évapore, plus le sirop se concentre et plus la température d'ébullition augmente ; les réactions chimiques s'accélèrent, ce qui se traduit entre autres par des changements de coloration, bientôt suivis par une caramélisation générale... Tout l'art consiste à s'arrêter au bon moment, ni trop tôt, ce qui donnerait une confiture trop liquide et de mauvaise conservation, ni trop tard, quand il ne reste plus qu'un caramel amer et dur comme de la pierre (9) !

La farine, ciment de la cuisine

La façon dont une sauce blanche épaissit à la cuisson est un des spectacles les plus magiques qu'on puisse s'offrir à bon compte ! Il suffit de délayer une cuiller à soupe de farine dans un demi-verre d'eau et de verser ce mélange dans un quart de litre d'eau bouillante, en remuant vigoureusement pour voir le liquide se mettre soudain à épaissir fortement, à coller à la spatule et à la casserole en donnant ce qu'on appelle un empois. Un liquide qui épaissit lorsqu'on le chauffe, cela ne nous étonne plus, nous en avons déjà rencontré plusieurs ! Dans le cas de la farine, les choses se passent un peu différemment. Cette poudre blanche très fine et très légère est formée de grains, eux-mêmes composés presque uniquement d'une macromolécule dont nous avons déjà un peu parlé, l'amidon, qu'on trouve, à quelques variantes près, dans le blé, le riz, le maïs, la pomme de terre et beaucoup d'autres végétaux. Le maillon de base de cette macromolécule est une petite molécule dont le nom figure souvent sur l'étiquette des produits de confiserie, le glucose, nom dérivé d'une racine grecque qui veut dire « sucré ». Contrairement aux protéines, construites avec 21 modèles différents de briques, l'amidon n'est formé que de molécules de glucose attachées les unes aux autres en de longues chaînes parfois ramifiées.

Le secret des sauces liées à la farine, dont fait partie la béchamel réside non dans les molécules d'amidon mais dans ces grains, dont nous avons parlé, qui en sont remplis. Toutes les plantes qui fournissent de l'amidon le livrent sous forme de grains, qui sont des structures assez complexes, mais dont la propriété qui nous intéresse ici est de se gonfler d'eau dès qu'on les chauffe. Ils peuvent absorber jusqu'à trente fois leur volume initial ! On imagine ce qui se passe dans la casserole : au départ, les grains sont petits et flottent dans l'eau, loin les uns des autres, car on a mis relativement peu de farine. Puis tout d'un coup, lorsque la température atteint 65°, ils se mettent à boire l'eau de leur bain et à enfler démesurément, jusqu'à se toucher les uns les autres, se gêner et bientôt ne plus pouvoir bouger du tout. Si on a mis beaucoup d'eau (10 à 20 fois plus que de farine), on obtient une bouillie plus ou moins épaisse, mais si l'on a juste délayé la farine dans son volume d'eau, on obtient un véritable ciment après cuisson.

L'amidon constitue sans aucun doute l'élément de base de la nourriture humaine, sous forme de riz, de pomme de terre, de spaghettis ou de pain. Pour nous, la farine de blé est une matière première fondamentale, qui va nous permettre de rendre onctueuses nos sauces, mais surtout va nous ouvrir le monde savoureux de la pâtisserie.

Lier, mais pas trop

Il faut bien reconnaître que ce produit magique qu'est l'amidon n'a en soi pas beaucoup de goût et qu'on ne s'attire guère la réputation d'un grand cuisinier en en abusant. On dit même qu'il est question de bannir la farine de toutes les sauces ! Ce serait se priver d'un outil bien commode, d'autant qu'il existe des « trucs » pour lui donner goût et saveur : le plus simple consiste à griller très légèrement la farine avant de la mettre au contact de l'eau. Elle acquiert ainsi une couleur blonde ou brune, un léger parfum de noisette grillée, un nouveau nom (l'amidon traité ainsi devient une « dextrine »), et quelques nouvelles propriétés, en particulier celle de moins épaissir à la cuisson. Une sauce liée à la farine ainsi brunie porte le nom de « roux » (12). Compte tenu de ce que nous venons de voir, le roux sera une sauce moins épaisse que la béchamel, pour une même quantité de farine, car les grains d'amidon ont été plus ou moins cassés par le chauffage à sec et ont perdu quelque peu de leur fantastique capacité d'éponge.

L'art de faire gonfler

Il existe de par le monde des milliers de gâteaux différents qui n'ont pas grand-chose en commun, sauf sans doute de contenir un au moins des quatre éléments de base suivants : farine, sucre, corps gras et œuf. On en trouve de toutes les formes, toutes les dimensions, toutes les couleurs, toutes les consistances, du plus massif au plus léger. C'est à cette dernière qualité que nous allons nous intéresser maintenant. Un gâteau léger et moelleux est un gâteau bien levé, c'est-à-dire, en fait, plein de bulles plus ou moins grosses enfermées dans un réseau de pâte plus ou moins dure.

Quel est le phénomène qui permet à une pâte initialement plate et compacte de devenir au cours de la cuisson une véritable mousse ? Chacun sait que tous les corps se dilatent lorsqu'on les chauffe. C'est vrai pour les solides et les liquides mais encore bien plus pour les gaz : entre 0 °C et 200 °C, un ballon rempli d'air double presque de volume si on lui en laisse la possibilité, ce qui suppose une enveloppe extrêmement souple, élastique et résistante. Les ballons qu'on gonfle les jours d'anniversaire n'ont certes pas ces qualités, mais une pâte à gâteau ou à soufflé doit les avoir.

Premier principe : si je mets des bulles d'air dans mon four chauffé, elles gonflent. Si je les sors du four et les laisse refroidir, elles dégonflent.

Second principe : si l'enveloppe de mes bulles devient rigide lorsqu'elles ont gonflé, elles ne pourront plus se dégonfler en refroidissant.

C'est en mettant en œuvre ces deux principes qu'on obtient un soufflé, une brioche, une génoise ou tout simplement un pain.

Commençons par la première étape : pour que des bulles de gaz puissent gonfler, il faut qu'elles soient déjà présentes, même petites, avant cuisson. Les pâtissiers connaissent trois méthodes pour arriver à ce résultat.

La première consiste à ajouter à la pâte des bulles toutes prêtes, qu'il a fallu préparer. Les bulles qu'on peut former en battant de l'eau pure avec une fourchette viennent tout de suite crever à la surface et disparaître. L'addition dans l'eau de certaines molécules particulières (on les appelle tensio-actives), même en très faible quantité, fait que les bulles, quand elles arrivent à la surface, restent prisonnières d'une mince pellicule formée de molécules d'eau associées aux molécules de la substance tensio-active introduite. Celles-ci forment une sorte de tapis, un peu analogue à celui que nous avons rencontré dans les émulsions. Ce tapis est assez résistant et les bulles peuvent survivre un certain temps. Les protéines du blanc d'œuf cru sont tensio-actives, ce qui permet de « monter des blancs d'œuf en neige » (13). Ce sont les bulles de cette neige que nous allons incorporer dans la pâte pour la faire gonfler. Cette opération requiert une certaine délicatesse, car trop de brutalité dans le mélange de la neige et de la pâte aboutit à écraser les bulles, et... pas de bulles, pas de gonflement.

La seconde consiste à introduire dans la pâte une substance susceptible le moment venu de dégager un gaz, qui se regroupera spontanément en petites bulles réparties de façon homogène dans tout le volume. Cette substance, la levure chimique, que les chimistes nomment du bicarbonate de sodium, se décompose à la chaleur et en présence des substances légèrement acides que contient la pâte, en un gaz, le gaz carbonique ou dioxyde de carbone, et une substance inerte, le carbonate neutre de sodium, qui sert à soigner les aigreurs d'estomac et possède un goût légèrement savonneux. Le gaz carbonique joue le rôle qu'on attend de lui, c'est-à-dire qu'il se rassemble en bulles, et le carbonate ne donne qu'un très léger goût au gâteau si on n'en a pas trop mis.

La troisième méthode, la plus ancienne, fait appel à la collaboration d'un organisme microscopique, la levure de boulanger, très proche cousine de la levure de bière. Celle-ci transforme le glucose en alcool, ce qui fait du vin à partir de jus de raisin et de la bière à partir d'amidon d'orge, lequel est formé de molécules de glucose enchaînées bout à bout. Ce tout petit organisme, formé d'une seule cellule, se reproduit à grande allure dès qu'il trouve de l'amidon à manger et que la température lui convient (25-30 °C). Il commence par couper les grosses molécules d'amidon pour en faire du glucose, ce qui ne nécessite qu'un peu d'eau et d'énergie, puis il consomme la molécule de glucose pour en tirer énergie et matières premières, en recrachant du gaz carbonique et de l'alcool. Voilà donc l'auxiliaire précieux du boulanger et du pâtissier. Il suffit d'en mettre un peu dans une pâte contenant de la farine et de laisser reposer dans un endroit tiède. La pâte va se remplir progressivement de petites bulles et d'un tout petit peu d'alcool, qui va s'évaporer lors de la cuisson, et dont la saveur n'est, de toute façon, pas pire que le goût savonneux de la levure chimique. Contrairement à cette dernière, la levure vivante a besoin d'un certain temps avant cuisson pour faire ses bulles, ce qui explique son délaissement progressif par des cuisiniers bien trop pressés (6).

Revenons maintenant à la seconde étape du gonflement, la solidification des bulles qui doivent rester gonflées après refroidissement. Il n'y a pas d'inquiétude à avoir, car nous avons mis dans la pâte tout ce qu'il fallait pour obtenir un durcissement à la cuisson : on a mis des œufs, dont les protéines ne demandent qu'à s'enchevêtrer dès qu'on les chauffe ; on a mis de la farine et de l'eau et nous savons quel ciment on peut faire avec ces deux éléments et enfin on chauffe vigoureusement, ce qui évapore l'eau, dessèche la pâte et la rigidifie.

Rien de tout cela n'est bien compliqué, mais on conçoit que le processus de cuisson demande quelques soins si l'on veut que toutes les étapes (formation des bulles, gonflement, cuisson de la pâte) se déroulent à la bonne vitesse et dans le bon ordre. En particulier, il vaut mieux refréner sa curiosité et, malgré le côté spectaculaire et fascinant d'une pâte en train de lever, il ne faut pas trop ouvrir le four pour regarder, car un refroidissement brutal risque de faire dégonfler les bulles juste au moment du durcissement.

Faire cuire...

L'homme du Paléolithique ne disposait pour cuire ses aliments que du feu de bois ou peut-être de tourbe, mais la conquête que représentait pour lui la possibilité de les faire cuire était un progrès bien plus important que tous ceux qui se sont succédé dans ce domaine depuis lors. La tranche de bison cuite à la braise avait sans doute plus de saveur que les viandes synthétiques dont se sustentent les millions de consommateurs quotidiens de « hot dogs » et de « hamburgers ».

Nous ne sommes plus à l'âge de pierre, les méthodes ont évolué, l'art culinaire aussi et, comme les nouvelles techniques nous proposent des moyens efficaces pour réussir les cuissons de notre choix, nous allons en examiner quelques-unes.

Plus chaud, donc plus vite...

Nous savons maintenant que la cuisson des aliments consiste principalement à jouer sur des liaisons chimiques, à en briser certaines et parfois à permettre à d'autres de s'établir, ces réactions ne pouvant pas se produire à la température ambiante. L'élévation de température joue le rôle d'activateur pour ces réactions. Pensons à un prunier couvert de fruits bien mûrs par une belle journée du mois d'août, calme et chaude. Il n'y a pas un souffle de vent et de temps en temps, très rarement, une prune se détache et tombe, pour la plus grande joie de tout un peuple de fourmis, guêpes et petits enfants qui se la disputent. Si un léger vent se lève, agitant doucement les branches, on entend immédiatement des bruits de chute assez rapprochés, indiquant qu'une petite récolte est possible. Si maintenant c'est une violente rafale, annonciatrice de l'orage, qui s'abat sur l'arbre, il vaut mieux ne pas se trouver dessous, car c'est une véritable grêle de prunes qui martèle le sol et il ne reste plus aucun fruit sur l'arbre après quelques secondes. Les minces pédoncules qui relient le fruit à l'arbre, ce sont nos

liaisons chimiques, qui ne demandent qu'à craquer (ou éventuellement à se former, mais l'image est moins parlante dans ce cas), et le

vent qui fait bouger les branches, c'est l'agitation thermique que traduit l'élévation de température : plus il fait chaud, plus il y a de liaisons brisées par seconde, moins il faut de temps pour tout casser.

La marmite à pression

Il arrive, en cuisine comme ailleurs, qu'on soit pressé, que le temps disponible pour préparer un plat soit limité, et qu'un légitime orgueil (ou des contraintes économiques) fasse rejeter le recours au plat tout préparé. Comment gagner du temps sur une cuisson, quand on pense à ces milliards de milliards de liaisons qu'il faut briser avant que les carottes ne deviennent fondantes ! Le paragraphe précédent nous donne la réponse : il faut élever la température ; malheureusement, les carottes sont pleines d'eau et l'eau bout à 100 °C, donc tant qu'il reste de l'eau dans les carottes, la température ne peut pas dépasser 100 °C. Or, ceci n'est vrai que si la pression qui règne là où cuisent nos légumes a la valeur dite standard, repérée par les 760 mm du mercure du baromètre. Si l'on augmente cette pression, l'eau bout à des températures de plus en plus élevées : pour une valeur double de la valeur standard, la température d'ébullition dépasse 120 °C et atteint 130 °C pour une pression égale à trois fois la pression normale. Pour gagner du temps, il suffit donc de cuire nos carottes sous pression, reste à savoir comment.

Imaginons un récipient solide, fermé de façon étanche, transparent et rempli d'eau à moitié de sa hauteur. Chauffons cette eau : contrairement à ce qui se passe dans une casserole, l'eau ne se met pas à bouillir lorsque la température atteint, puis dépasse 100 °C, cependant que la pression à l'intérieur du récipient augmente, dangereusement même. Nous avons prévu une soupape de sécurité qui laisse échapper le gaz lorsque la pression atteint deux fois la pression ordinaire. Dès que le gaz commence à s'échapper, l'eau se met à bouillir et nous savons que sa température est alors de 120 °C environ. Nous avons construit une marmite à pression, une « cocotte-minute » et nos carottes seront cuites en un tournemain.

Certes, on peut tout cuire dans une marmite à pression, mais le résultat risque d'être souvent médiocre, pour de multiples raisons : tâchons d'énumérer tout ce qui se passe dans une cuisson à l'air libre et qui *ne peut pas* se produire dans la marmite à pression. D'abord, le cuisinier suit la cuisson, la regarde, la goûte, la sent, rectifie l'assaisonnement et la consistance, bref, entretient une relation intime avec son plat. D'autre part, la surface de contact de la préparation avec l'air, en particulier avec l'oxygène, permet à des réactions chimiques spécifiques (on les appelle des oxydations) de se produire. Ces réactions jouent parfois un rôle important dans le développement de l'arôme. Nous venons d'apprendre que les réactions chimiques se trouvent accélérées par l'élévation de température ; supposons que la vitesse d'une certaine réaction, par exemple de débobinage de protéine, soit accrue d'un facteur 1,5 chaque fois que la température augmente de 10 °C. Quand on passe de 100 à 120 °C, la vitesse s'accroît par un facteur $1,5 \times 1,5 = 2,25$. Tout ne se passera bien que si les autres réactions s'accélèrent du même facteur 2,25, ce qui est rarement le cas : le ramollissement des fibres végétales, indispensable pour que les légumes deviennent tendres, s'accélère beaucoup plus avec la température que la perméabilisation des parois cellulaires, sans laquelle les fumets ne pénètrent pas dans le cœur des légumes : ceux-ci ont donc toujours, dans les cuissons sous pression, un goût de légumes bouillis, même cuits dans un « fond » délicieux.

Pour résumer, toutes les cuissons qui se font entièrement immergées peuvent avantageusement se dérouler sous pression. Il en est de

même pour les cuissons « à la vapeur », bien que le gain de temps soit moins spectaculaire. Pour toutes les autres cuissons, le résultat est discutable. Par contre, il est totalement absurde de prétendre qu'on peut remplacer un four par une marmite à pression

Les fours de toutes natures

Quand on a froid, il existe un très grand nombre de façons de se réchauffer ; citons-en quelques-unes : aller dans un pays chaud, s'allonger au soleil, même dans un pays pas très chaud, se blottir contre quelque chose (ou quelqu'un) de bien chaud, boire un verre de rhum, etc. Nous n'avons pas mentionné le bain chaud ni le sauna, car ce paragraphe ne concerne que les cuissons sèches, celles qui se font au four. La cuisson d'un aliment consiste à chauffer quelque chose qui, initialement, est froid, et les stratégies inventées par les cuisiniers relèvent des mêmes principes que les méthodes précédentes. À chacune des quatre façons de se réchauffer mentionnées plus haut correspond un principe physique de transfert d'énergie thermique et un type de four : le pays chaud, c'est l'utilisation de l'air chaud et de ses mouvements circulatoires, c'est le four classique, celui de la vieille cuisinière à charbon ou à gaz ; l'étalement au soleil, c'est le chauffage par rayonnement infrarouge, c'est celui des grills et des barbecues ; le contact, c'est le chauffage par transfert spontané et direct de chaleur d'un corps chaud à un corps froid, comme dans le four du boulanger ; enfin, le verre de rhum, c'est la stimulation d'une production interne de chaleur dans un environne-

ment froid, c'est le four à micro-ondes.

Nous avons déjà parlé, à propos du gigot et de son cocon, du four classique. Le four du boulanger est de moins en moins employé et il y a peu à dire sur le chauffage infrarouge, idéal pour « saisir » une viande, mais lent et coûteux pour achever une cuisson en profondeur. Le four à micro-ondes produit exactement le résultat inverse. Pour comprendre comment fonctionne cet appareil, imaginons un maître de ballet tenant à la main le Glockenspiel de Papageno (Papageno est un personnage de l'opéra de Mozart *La Flûte enchantée ;* il possède une sorte de bâton couvert de clochettes, le Glockenspiel, dont le pouvoir magique force à danser tous ceux qui l'entendent sonner et il se débarrasse ainsi de ses ennemis en les faisant danser jusqu'à épuisement). Ce maître de danse a devant lui un immense corps de ballet et il joue de son instrument à une vitesse endiablée. Les malheureuses danseuses, prisonnières du pouvoir magique de l'instrument, s'agitent désespérément, suivent tant bien que mal la mesure, tombent, se relèvent, s'accrochent à tout ce qu'elles rencontrent, et tout finit dans un superbe désordre que l'arrêt du Glockenspiel n'arrive pas à calmer. Les ballerines, ce sont les molécules d'eau, le Glockenspiel, c'est l'onde électro-magnétique répandue par le four sur les aliments et l'agitation qui en résulte, c'est la chaleur.

Nous comprenons ainsi que le chauffage par micro-ondes s'adresse à peu près exclusivement aux molécules d'eau contenues dans un aliment et ne peut donc le chauffer que là où se trouve l'eau. C'est donc une cuisson par ébullition interne qui se produit. Nos connaissances nous font immédiatement deviner les possibilités et les limites de cette méthode. Si l'objet qu'on veut faire cuire est déjà entouré de son cocon, la cuisson pourra être satisfaisante : on obtient des résultats remarquables en cuisant ainsi un poisson enveloppé dans du papier sulfurisé (10). La cuisson est extrêmement rapide et homogène et tout le fumet se conserve parfaitement. Attention, le cocon ne doit pas être trop étanche sinon il éclatera sous la pression de la vapeur ! En dehors de quelques applications spécifiques comme celle-ci, le four à micro-ondes ne peut guère faire autre chose que (mal) décongeler et réchauffer un plat déjà cuit. Ce sont malheureusement à ces deux actes que se réduit la participation de beaucoup de nos contemporains à la préparation de leur repas.

Des goûts et des saveurs

Il n'a pas encore été dit, mais le lecteur l'a peut-être deviné, que la finalité de l'art culinaire telle qu'elle est perçue ici est de « régaler », à l'exclusion de toute autre considération. Il ne faut ni « manger pour vivre » ni « vivre pour manger », il faut « bien vivre en mangeant bien ». Nous avons parcouru quelques-unes des voies qui permettent d'y parvenir. Il reste encore quelques difficultés à surmonter.

Comparé aux autres organes des sens, le goût n'apparaît pas comme particulièrement subtil et développé : les terminaisons nerveuses qui sont sur notre langue distinguent tout au plus quatre goûts différents, le salé, le sucré, l'acide et l'amer. De même qu'on peut reproduire toutes les couleurs visibles à partir de trois couleurs de base bien choisies, on pourrait penser que l'infinie variété des saveurs s'obtient par un subtil dosage des quatre goûts élémentaires. Il n'en est rien car nos papilles repèrent les goûts présents dans le mets et transmettent les quatre informations au cerveau où elles restent séparées : un mélange sucré-acide est ressenti comme une superposition des deux sensations sucrée et acide et ne constitue pas véritablement une sensation nouvelle.

Comment percevons-nous donc les suprêmes délicatesses, les nuances infinies et subtiles de nos aliments et de nos boissons ? Il suffit de se souvenir à quel point tout ce qu'on mange a le même goût lorsqu'on a un gros rhume pour comprendre que c'est en fait notre odorat, infiniment plus sensible et délicat, qui a la charge de repérer les nuances et d'apprécier les subtilités. À cette différence dans les organes détecteurs correspond une différence qualitative et quantitative dans les molécules qui déclenchent les perceptions : les molécules responsables des quatre goûts élémentaires sont solubles dans l'eau, non volatiles, et doivent être présentes à des concentrations relativement

élevées pour qu'on les perçoive. À moins de transformations chimiques majeures, une fois introduites dans un plat, elles y restent et le goût qu'elles portent subsiste : un plat trop salé l'est irrémédiablement. Les molécules des autres saveurs, celles qui sont perçues par l'odorat, au contraire, sont volatiles, souvent instables, et actives à des concentrations parfois extrêmement faibles.

Notre odorat est beaucoup moins sensible que celui du premier chien ou chat venu, mais nos papilles olfactives, ces petits organes qui tapissent la paroi de nos narines et de notre arrière-bouche et qui ont pour fonction de détecter les odeurs, n'en constituent pas moins des détecteurs moléculaires que pratiquement aucun appareil ne peut égaler. Il n'y a aucune commune mesure entre l'émoi que provoque en nous le fait de passer à proximité d'une brûlerie de café ou d'une boulangerie à l'heure de la fournée et le nombre dérisoire de molécules porteuses de ces fragrances qui atteignent nos papilles.

On sait encore très peu de chose sur ces molécules : elles sont en général petites, comparées aux mastodontes que nous avons fréquentés (protéines, amidon, etc.), elles sont volatiles, et elles doivent être au moins un peu solubles dans l'eau pour pouvoir traverser la mince pellicule humide qui protège les papilles. Le fait que des molécules très voisines chimiquement puissent avoir des odeurs complètement différentes montre que le détecteur qui les perçoit est extrêmement spécifique, qu'il reconnaît une certaine molécule et rien d'autre. On a comparé cette spécificité à celle d'une serrure, qui ne consent à tourner que si elle est actionnée par sa clé, celle dont les dessins en relief s'adaptent exactement aux dessins en creux gravés en elle. Il suffit d'une toute petite modification pour que plus rien ne marche ou qu'au contraire, une clé récalcitrante devienne docile.

Lorsqu'on se promène au printemps dans la campagne, le vent nous apporte parfois de délicates odeurs qui nous font deviner que nous passons à proximité d'un lilas ou d'un tapis de violettes. Ces fleurs répandent avec générosité les molécules qui marquent leur présence, indiquant ainsi aux insectes qu'il y a de bonnes choses à glaner. Il arrive aussi qu'en marchant dans une prairie, nous soyons presque agressés par l'arrivée brutale d'une odeur inexistante une seconde plus tôt. Sans doute avons-nous marché sur une touffe de menthe ou sur une tige d'ail sauvage, ce qui a provoqué l'émission presque instantanée d'une puissante bouffée d'odeur, destinée sans doute à faire fuir l'agresseur qui pourrait être un herbivore affamé. Tant que la plante est intacte, elle ne dégage aucune

odeur. Dès qu'on la cueille, qu'on en froisse une feuille ou une tige, il se produit soit l'expulsion immédiate des molécules odorantes, soit une réaction chimique qui transforme une molécule inodore déjà existante et prête à bondir, en un produit violemment odorant qui envahit l'atmosphère. Il a suffi d'une très légère transformation pour donner de l'odeur à une molécule qui n'en avait pas.

Cette petite promenade nous offre des enseignements dont nous allons profiter dans notre cuisine : puisque certaines herbes ne libèrent leurs senteurs que lorsqu'on les agresse, n'hésitons pas ! Hachons aussi menu que possible le persil, le cerfeuil, la ciboulette, l'ail et l'oignon si nous voulons donner leur arôme à nos salades (7). Pour les cuissons, il vaut mieux laisser les branches, les feuilles ou les bulbes entiers ou grossièrement coupés, car les molécules des odeurs sont très volatiles et risquent de s'enfuir trop tôt si nous les libérons avant le chauffage.

Petit à petit, nous voyons se dessiner le programme que doit suivre le cuisinier pour réussir une préparation culinaire : le succès d'un plat repose sur tout un ensemble de facteurs dont *aucun* ne doit être négligé. En plus de la beauté purement visuelle, le plat doit plaire dès son arrivée par l'odeur qu'il répand, laquelle porte déjà en soi une partie de la saveur. Nous savons comment la cuisson, le débobinage des protéines mais aussi les différents traitements osmotiques subis par les structures biologiques influent sur la dureté, le moelleux, le fondant d'un plat. Trois des facteurs du goût peuvent avoir joué un rôle dans ces transformations physico-chimiques : le sel, le sucre et les acides. Il convient donc de s'assurer que les concentrations de ces éléments qu'ont exigées ces transformations sont compatibles avec des goûts agréables. La partie la moins facile à définir de façon précise, celle qui indéniablement requiert le plus d'expérience, concerne le dosage des saveurs, de ces petites molécules fugaces dont la présence bien mesurée transforme une agréable nourriture en un plaisir sublime. Comment expliquer scientifiquement, par exemple, le parfum que donne à une côte d'agneau grillée le thym cueilli en mai sur les flancs du Mont Ventoux ?

À l'issue de ce rapide survol de ce qu'on peut considérer comme quelques bases physico-chimiques de l'art culinaire, il est réconfortant de se dire que puisqu'il s'agit d'un art, il faut bien laisser à l'artiste qui en a la charge une certaine latitude pour que son talent, son imagination, sa créativité s'expriment. Mais il est également rassurant de savoir qu'il existe un cadre logique permettant à celui ou celle qui souhaiterait s'initier à la joie de la création culinaire de se lancer à l'aventure sans trop de risques. Le cadre est tracé ; maintenant, à vos fourneaux et bonne chance...

Recettes

Les quelques recettes qui suivent n'ont été choisies que parce qu'elles illustraient des propriétés rencontrées au cours des différents chapitres précédents. Certaines sont simples, d'autres moins. Certaines requièrent une attention et un soin particuliers, car elles comportent des risques de brûlure, toujours présents dès qu'on s'approche d'un fourneau. Les phases un peu délicates sont toujours signalées.

Avant de commencer l'exécution d'une recette, il est indispensable d'en lire attentivement le texte en entier et de s'assurer qu'on a bien tout compris, qu'on s'est bien procuré tous les ingrédients et tous les instruments, car il serait catastrophique de tomber en panne en plein milieu du travail.

Il faut aussi se convaincre qu'on peut très bien ne pas atteindre la perfection du premier coup, surtout si l'on n'a pas déjà une certaine habitude de la cuisine. Il est si facile de trop saler, de faire un peu brûler, de rater la présentation ! L'avantage de ces petits échecs, c'est qu'on ne les renouvelle pas. Il faut absolument recommencer un plat qu'on a mal réussi une première fois.

Une recette n'est pas un texte sacré et intouchable ! Si le lecteur a bien compris le sens de ce livre, il doit être capable de modifier les recettes à son goût, et surtout d'en inventer d'autres, qui, de ce fait, seront encore bien meilleures que celles qui sont proposées. Dans ce cas, il faut absolument, dès que la nouvelle recette a été essayée et appréciée, prendre un cahier et transcrire dans les moindres détails tout ce qui a été fait, les ingrédients, les proportions, les temps de cuisson, etc. On pourra ainsi la reproduire facilement et, lorsque le cahier sera plein, pourquoi ne pas écrire un livre de cuisine ?

1 — POTAGE JULIENNE

3 carottes • 2 poireaux • Céleri-rave • 3 navets blancs • 1 oignon • Sel, sucre • 30 g de beurre • Facultatif : 1/2 l de fond de veau.

Ce nom désigne un potage dans lequel les légumes sont découpés en fines lanières. Comme toujours en cuisine, mais peut-être encore plus ici qu'ailleurs, le résultat dépend de la qualité et de la fraîcheur des légumes. Il faut trois belles carottes, trois navets blancs, un peu de céleri-rave, deux poireaux et un oignon. Les trois premiers légumes doivent être épluchés, découpés en fines lanières d'environ deux millimètres d'épaisseur et de trois centimètres de longueur, le poireau, dont on ne garde que le blanc, est aussi découpé en rondelles de deux millimètres d'épaisseur, l'oignon, bien pelé, est également découpé en fines tranches.

On fait ensuite « étuver » ces légumes, c'est-à-dire qu'on leur fait subir une cuisson-cocon à sec, avec juste un peu de beurre (30 g). Pour bien réussir cette délicate partie de la préparation, il faut une casserole à fond épais dans laquelle vous mettez le beurre et les légumes légèrement saupoudrés de sel et d'une pincée de sucre. Le sel fera sortir l'eau, ce qui n'est pas grave, puisqu'elle est destinée à s'évaporer en laissant ce qu'elle a entraîné avec elle. Le sucre permettra aux légumes de prendre en fin d'étuvage une légère coloration dorée.

Vous posez la casserole sur un feu doux et remuez doucement avec une spatule en bois pendant deux ou trois minutes, puis, une fois l'ébullition atteinte, vous maintenez le chauffage le plus réduit possible, tout en remuant régulièrement. Dès que les légumes commencent à dorer légèrement, ce qui doit normalement se produire après une vingtaine de minutes, surveillez très attentivement ce qui se passe, car ils ne doivent en aucun cas noircir.

Quand tout est bien doré, sortez la casserole du feu et ajoutez de l'eau froide de façon à juste recouvrir les légumes (un fond de veau soigneusement dégraissé donnerait évidemment un bien meilleur potage). Reportez à ébullition et enlevez avec une écumoire toute la mousse qui monte à la surface, entraînant ainsi le beurre qui a servi à l'étuvage. Cette opération dure une bonne demi-heure. Ajoutez autant d'eau (ou de fond de veau) que vous en avez mis la première fois, reportez à l'ébullition, vérifiez que votre potage est correctement salé. On peut rajouter de petits croûtons de pain grillés dans les assiettes au moment du service.

2 — UNE SAUCE DE SALADE

Moutarde • huile • vinaigre • curry.

Chacun aime faire sa propre sauce de salade et en tire une certaine fierté. Celle qui est décrite ici est une émulsion fort instable, qui ne dure que quelques minutes, mais qui se fait très facilement et convient bien aux salades vertes un peu craquantes.

On met dans un bol une bonne cuiller à café de moutarde, une grosse pincée de sel, une demi-cuiller à café de vinaigre de vin et, pour donner une certaine originalité, une pointe de couteau pointu de poudre de curry. On mélange bien ces ingrédients et on commence à verser doucement de l'huile, celle qu'on préfère, en tournant vigoureusement avec la cuiller. Très vite, l'huile s'incorpore au mélange et semble disparaître dedans en donnant une belle émulsion.

On peut incorporer jusqu'à une tasse d'huile avant que l'émulsion ne se « casse » en redonnant d'un côté l'huile et de l'autre le mélange initial de moutarde et de vinaigre. Cette séparation intervient de toute façon au bout de quelques minutes, mais il suffit de battre vigoureusement le mélange pour refaire l'émulsion.

3 — SORBET À LA FRAISE

1 kilo de fraises • 1/2 kilo de sucre • 3 citrons.

Ce sorbet est particulièrement simple à réussir et ne demande rien d'autre que le compartiment à glace du réfrigérateur. Enlever les queues d'un kilo de fraises bien mûres et couper les fruits en deux ou quatre suivant leur grosseur. Ajouter en mélangeant bien un 1/2 kilo de sucre en poudre et le jus de trois citrons et laisser reposer une heure. L'osmose agit et vide les fraises de leur jus. Passer le tout au mixer et, pour les délicats, filtrer pour éliminer les petites graines dures.

Couler cette crème dans un bac à glaçons qu'on laisse ensuite trois ou quatre heures dans le compartiment à glace du réfrigérateur. Le sorbet est alors prêt à être consommé. Il est évident que la prise sera encore plus rapide dans un congélateur. Cette recette s'adapte à d'autres fruits, mais le résultat n'est vraiment parfait qu'avec les fraises, les framboises et les cassis. Cependant, on peut se livrer à toutes sortes d'essais, par exemple en mélangeant différents fruits. On peut également modifier à son goût la quantité de sucre, mais la proportion de trois citrons pour un kilo de fruits est importante.

4 — GIGOT CONFIT

1 gigot moyen • 1 melon • 6 tranches de jambon cru • 1 verre de porto • Farine, sel • marmite en terre avec couvercle.

Peut-être cette recette va-t-elle hérisser les amateurs du gigot traditionnel, mais le résultat est surprenant et illustre bien la modification profonde subie par les tissus biologiques lors d'une cuisson-cocon prolongée.

Il faut se faire désosser un gigot de taille moyenne par le boucher et se procurer six belles tranches de jambon cru (dit, on ne voit pas bien pourquoi, jambon de pays), un beau melon et un verre de porto. Il faut également une marmite en terre munie de son couvercle et la disponibilité d'une plaque chauffante durant tout un après-midi.

On tapisse le fond de la marmite avec trois tranches de jambon. On dépose dessus le gigot qu'on sale légèrement, on recouvre avec les trois tranches restantes, on pose tout autour les tranches du melon pelé et épépiné, et on arrose de porto. Pour qu'aucune molécule ne se perde, on ferme de façon étanche le plat en cimentant le couvercle avec de la farine : on prend deux cuillerées à soupe de farine qu'on mouille avec un peu d'eau pour obtenir une pâte épaisse. On roule cette pâte entre les paumes pour en faire un boudin d'un demi-centimètre de diamètre qu'on dépose tout autour du couvercle. On appuie alors fortement le couvercle sur la marmite, en veillant à ce que le joint soit étanche.

On pose le tout soit sur une plaque électrique, soit sur le gaz en interposant un diffuseur, c'est-à-dire une plaque destinée à empêcher la flamme de lécher directement le fond de la terrine. On règle le chauffage sur la plus petite valeur possible et on laisse ainsi pendant six heures en s'assurant que jamais la cuisson ne devient trop forte, ce qui se manifesterait par de la vapeur suintant à travers le joint. Il est inutile de prévoir d'autres couverts que des cuillers pour servir et déguster.

5 — SAUCE HOLLANDAISE

1 œuf • 1 citron • 100 g de beurre • Sel.

Il s'agit d'une sauce de la famille des mayonnaises, dans laquelle l'huile est remplacée par du beurre, qui ne pénètre dans une émulsion que s'il est fondu. Il va donc falloir le faire fondre et pour cela utiliser un bain-marie.

On prend une grande casserole à moitié remplie d'eau qu'on porte à l'ébullition. Pendant qu'elle chauffe, on pèse 100 grammes de beurre. Dès que l'eau bout, on retire la casserole du feu et on pose dedans un bol en verre ou en faïence dans lequel on introduit une cuillerée à café de jus de citron et une bonne pincée de sel. On casse un œuf dont on sépare le blanc du jaune, et on met le jaune dans le bol (on peut toujours garder le blanc, qui servira pour d'autres recettes).

Il faut maintenant aller vite, sinon le jaune va commencer à durcir (première catastrophe) et l'eau va refroidir (deuxième catastrophe). Il faut mélanger vigoureusement jaune, sel et citron à l'aide d'une cuiller en bois et commencer à introduire le beurre petit morceau par petit morceau dans le bol, toujours en tournant avec la cuiller en bois. Durant cette phase délicate, il est recommandé de se faire aider par un assistant qui tient fermement le bol et l'empêche de tourner.

Il ne faut mettre chaque morceau de beurre dans la sauce que lorsque le précédent a disparu, c'est-à-dire s'est fondu dans l'émulsion. Il se peut que le bain-marie ne soit plus assez chaud et que le beurre ne veuille plus fondre. Il suffit de remettre la casserole sur un feu doux jusqu'à retour de l'ébullition. Quand tout le beurre a été utilisé, la sauce est prête à être consommée, mais ATTENTION : il ne faut pas la laisser refroidir, c'est une sauce qui se mange chaude.

6 — SAUMON EN BRIOCHE

Les deux filets d'un petit saumon (1 kg) • 100 g de coquilles Saint-Jacques surgelées • 250 g d'oseille fraîche • 360 g de beurre • 500 g de farine • 15 g de levure de boulanger • 6 œufs • 15 g de sel • 1/4 de litre de lait • 100 g de crème fraîche.

La préparation de la brioche, grandement facilitée par l'emploi d'un bol pétrisseur, doit se faire la veille. Dissoudre dans deux cuillerées de lait tiède les 15 g de levure de boulanger ou le contenu d'un sachet de levure déshydratée et attendre 15 mn. Introduire dans le bol pétrisseur la farine tamisée, le sel et la levure. Pétrir à vitesse moyenne et introduire les œufs, quatre d'un coup, puis quand la pâte est lisse, le cinquième puis le sixième. Continuer à vitesse moyenne pendant un quart d'heure. Pendant ce temps, ramollir les 350 g de beurre (quelques secondes au four micro-ondes). L'introduire alors dans le bol par petits morceaux et pétrir à petite vitesse jusqu'à ce que la pâte soit parfaitement lisse.

Poser la pâte dans un récipient assez grand pour qu'elle puisse doubler de volume sans déborder. Couvrir d'un linge et laisser reposer dans un endroit tiède pendant deux heures. Sous l'effet de la levure, la pâte gonfle fortement et il faut la brasser deux ou trois fois d'une main pour la faire retomber. La laisser monter une seconde fois dans les mêmes conditions, la faire retomber et la mettre au froid jusqu'à l'utilisation.

Dans une grande casserole faire chauffer un demi-verre d'eau et jeter par poignées les feuilles d'oseille en remuant avec la cuiller en bois à feu très doux. Lorsque tout a pris une teinte vert-brun, laisser cuire cinq minutes en tournant de temps en temps. Déposer sur une passoire et laisser égoutter tout en préparant à côté un roux comme il est expliqué dans la recette de la blanquette (12), avec 10 g de beurre et une demi-cuillerée à soupe de farine. Passer l'oseille au moulin à légumes, délayer la purée obtenue avec un demi-verre de lait et verser le tout dans le roux dont on termine alors la cuisson. La crème ainsi obtenue doit être lisse et assez épaisse. La saler, lui ajouter une cuillerée à soupe de crème fraîche et réserver.

Tapisser le fond d'un grand plat à four ovale de papier sulfurisé légèrement beurré sur lequel on étale la moitié de la pâte de brioche préparée la veille. Allonger sur cette pâte un des filets de saumon, déposer dessus les coquilles Saint-Jacques décongelées, saler et napper avec la sauce à l'oseille. Déposer alors le second filet de saumon et étaler uniformément le reste de pâte de façon à tout recouvrir et à souder la couche supérieure à la couche inférieure. Cuire à four chaud (thermostat 6-7) pendant 40 minutes en surveillant de temps en temps la surface de la brioche, qui doit gonfler et devenir brun-doré mais pas noire. Le papier sulfurisé doit en principe permettre un démoulage aisé.

7 — SALADE DE CONCOMBRES

1 concombre • 1 yaourt • Huile d'olive • Sel • 1 gousse d'ail • Moutarde • Quelques feuilles de menthe fraîche.

Les concombres sont des grands sacs remplis d'eau. On modifie beaucoup leur goût et leur consistance en se débarrassant d'une partie de cette eau, grâce à l'osmose.

On commence par peler un beau concombre, puis par le couper en tranches fines (les robots ménagers sont remarquablement efficaces pour cette tâche). On saupoudre très abondamment de sel ces tranches, en veillant à ce que toutes soient bien imprégnées et on laisse reposer deux heures. Les tranches ont bien diminué de la moitié de leur volume et baignent dans un liquide vert pâle qu'on élimine. On peut même les presser dans un torchon pour éliminer encore un peu d'eau.

La sauce se prépare en mélangeant un demi-yaourt avec une pointe de couteau de moutarde et deux cuillers à soupe d'huile d'olive. On rajoute une gousse d'ail écrasée, et trois ou quatre feuilles de menthe fraîche découpées finement (de préférence avec des ciseaux). On introduit dans cette sauce les tranches de concombre, après les avoir lavées à l'eau et pressées pour éliminer l'excès de sel. Il n'est pas mauvais de préparer cette salade au moins une heure avant de la manger.

8 — FOND DE VEAU

500 g de viande de veau maigre coupée en petits dés • 1 os de veau coupé en deux ou 1/2 pied de veau • 2 belles carottes • 2 oignons moyens • Persil, thym, laurier, sel.

Dans une grande casserole de 4 litres à fond épais et munie d'un couvercle, on fait fondre une bonne cuillerée à soupe de saindoux dans laquelle on place la viande, les carottes pelées et coupées en rondelles (1 cm) et les oignons pelés et coupés en tranches d'un demi-centimètre d'épaisseur. On remue bien avec une cuiller en bois pendant quelques minutes sur feu vif, jusqu'à ce que les morceaux de viande commencent à dorer.

On retire du feu, on ajoute l'os de veau, deux tranches de persil, une branche de thym, une demi-feuille de laurier, et on mouille avec un litre et demi d'eau froide. On amène à l'ébullition, on couvre la casserole et on laisse mijoter à feu extrêmement doux (on doit tout juste voir un léger frémissement de la surface) pendant trois heures.

Dès la fin de la cuisson, on sale (une demi-cuillerée à café de sel), on filtre le jus sur un tamis fin. Il doit rester environ un litre de liquide. S'il en reste moins, mouiller légumes et viande avec la quantité manquante d'eau, reporter à l'ébullition et filtrer immédiatement. Ce fond peut se congeler. Il ne convient pas de le conserver plus de deux jours au réfrigérateur.

9 — CONFITURE DE PRUNES

2 kilos de prunes • 2 kilos de sucre • 1 bassine à confiture • 6 pots en verre d'un litre.

Il s'agit d'une des confitures les plus faciles à faire, mais *il faut être particulièrement soigneux et prudent,* car la cuisson s'accompagne toujours de projections de gouttelettes brûlantes.

Pour un premier essai, il vaut mieux travailler sur des quantités raisonnables, par exemple partir de deux kilos de prunes pas trop mûres, qu'on coupe en deux et qu'on dénoyaute. On ajoute un poids égal de sucre cristallisé qu'on mélange aussi bien que possible avec les fruits en remuant vigoureusement à l'aide d'une cuiller en bois. La recette est la même, qu'il s'agisse de mirabelles, de quetsches, de reines-claudes, ou de toute autre sorte de prunes. Pour les prunes très sucrées, comme les reines-claudes, on peut ne mettre qu'un kilo et demi de sucre.

On laisse le sucre agir sur les fruits pendant une nuit et ce qui, la veille, était une pâte très épaisse est devenu un sirop où flottent des morceaux de fruits. Pour la cuisson, seule partie un peu délicate de la préparation, il est recommandé, même pour des quantités assez modestes, d'utiliser la traditionnelle bassine à confitures, en cuivre de préférence. Celle-ci possède une forme évasée et une grande surface propices à une évaporation intense. On y verse la préparation et on commence une cuisson vigoureuse, c'est-à-dire qu'on n'hésite pas à chauffer sur le plus gros brûleur de la cuisinière à gaz, tout en remuant régulièrement, toujours avec la cuiller en bois.

Dès que commence l'ébullition, on voit apparaître une écume abondante qui gêne le dégagement de vapeur et risque de déborder. Il faut donc l'enlever au fur et à mesure qu'elle apparaît, tout en continuant à remuer (ATTENTION AUX PROJECTIONS BRULANTES !). On peut éventuellement diminuer un peu le chauffage. Lorsque l'écume cesse d'apparaître, ce qui peut prendre de dix minutes à une demi-heure en fonction de l'intensité du chauffage, il faut surveiller attentivement l'aspect, la fluidité et la couleur de la confiture. Par suite de l'évaporation, le sirop est de plus en plus concentré en sucre et sa température d'ébullition augmente d'autant. Les réactions chimiques s'accélèrent, et les tissus des fruits changent de structure. C'est à ce moment que se fait véritablement la confiture.

Dès que le mélange commence à brunir un peu et à devenir un peu plus épais, ce qui se manifeste par une augmentation sensible de la taille des bulles, il faut arrêter de chauffer. On verse la confiture encore chaude dans des pots en verre soigneusement lavés et séchés qu'on recouvre le plus vite possible d'un carré de cellophane qui empêche l'évaporation et l'arrivée intempestive de moisissures. Attendre au moins une journée avant de goûter.

10 — TRUITE DE MER MICRO-ONDE

1 truite de mer (1,5 kilo) • 1 citron • Sel, beurre, persil • Papier sulfurisé • 1 plat en verre ou en terre.

Voici une recette très simple, que ne pourront faire que ceux qui possèdent un four micro-onde. La truite de mer est un beau poisson dont la chair ressemble à celle du saumon. Une truite d'un kilo et demi, bien vidée par les soins du poissonnier, sera soigneusement lavée à l'eau froide, pour enlever toute trace de sang qui pourrait rester dans le ventre, là où le poissonnier a enlevé les viscères.

Il faut choisir un plat assez grand pour contenir l'animal ; ce plat peut être en verre ou en terre, mais surtout pas en métal, car celui-ci empêcherait les ondes d'atteindre le poisson. Il faut aussi du papier sulfurisé (c'est une sorte de papier qui se vend en rouleau et qui ressemble à du papier calque) dont on déroule un morceau assez grand pour tapisser tout le fond du plat. On pose le poisson dessus et on dispose quatre ou cinq tranches minces de citron, deux branches de persil, deux pincées de sel et quelques petits morceaux de beurre dans son ventre. Le reste du citron, coupé en tranches aussi fines que possible, est étalé sur le dessus du poisson.

Il ne reste plus qu'à refermer le cocon avec un second morceau de papier sulfurisé de même taille que le premier, qu'on pose par-dessus le poisson et dont on roule les bords tout autour, en prenant soin d'enrouler ensemble les deux feuilles de papier, celle du dessus et celle du dessous. Faire cuire pendant 20 minutes à pleine puissance du four. Avant de servir, il est bon de redonner 5 minutes de cuisson. Il suffit ensuite d'enlever la feuille de papier du dessus, celle du dessous servant à retenir le jus. Quelques pommes de terre cuites à la valeur et une sauce hollandaise constitueront un accompagnement parfait.

11 — FAIRE UN PÂTÉ

2 kilos de gorge de porc • 1 kilo de foie de porc • 1 crépine • Fécule de pomme de terre • 2 feuilles de laurier • 1/2 verre de cognac • Sel, poivre.

Ce n'est pas du tout difficile, et le résultat est délectable. Le seul point délicat est le choix des ingrédients, pour lesquels le recours à un bon charcutier est recommandé. Il faut deux kilos de gorge de porc, ou, à défaut, de poitrine de porc fraîche, à condition qu'elle soit assez grasse, c'est-à-dire que l'épaisseur de la graisse soit au moins égale à celle de la chair. Il faut également un kilo de foie de porc et, le plus difficile à trouver, mais pas indispensable, une crépine en bon état, destinée à entourer le pâté pendant la cuisson et lui servir de cocon.

On commence par découenner la viande de porc et, si l'on a pas eu la crépine, on garde les couennes. On découpe viande et foie en gros dés (2 à 3 centimètres de côté), puis on passe le tout au hachoir à gros trous, pour obtenir une sorte de chair à saucisse. À défaut de hachoir, on peut employer le robot culinaire, à condition de ne pas hacher trop fin. On met viande et foie ainsi hachés dans un grand saladier et on mélange soigneusement, en ajoutant successivement la fécule, le cognac, le sel (deux bonnes cuillerées à café) et une cuiller à café de poivre.

La cuisson se fait à la fois au four et au bain-marie, dans une terrine à pâté munie de son couvercle. On chauffe le four à la valeur 5 du thermostat et on y installe un récipient creux pouvant contenir la terrine. On met de l'eau à chauffer dans une grande casserole. On tapisse soigneusement la terrine avec la crépine, ou à défaut avec les couennes, et on verse dedans la chair à pâté, en prenant soin de ne pas remplir jusqu'en haut (il suffit de s'arrêter deux centimètres en dessous du bord pour éviter des débordements regrettables durant la cuisson). Après avoir disposé deux feuilles de laurier à la surface, on recouvre soigneusement avec les bords de la crépine ou avec des couennes, on met le couvercle et on pose dans le four, dans le plat creux. Celui-ci est destiné à contenir l'eau du bain-marie, qui doit être chaude maintenant et qu'on verse autour de la terrine, au moins sur une hauteur de quatre centimètres.

La cuisson doit durer deux heures durant lesquelles il faut s'assurer régulièrement que l'eau du bain-marie bout à petit bouillon (si ce n'est pas le cas, il faut forcer un peu le four), mais aussi qu'elle ne s'est pas entièrement évaporée, auquel cas il faut en remettre.

La cuisson terminée, la meilleure solution consiste à laisser le pâté dans le four se refroidir lentement et ne l'en sortir que lorsqu'il est tiède. Malgré la tentation, il faut ABSOLUMENT le laisser 24 heures au réfrigérateur avant d'y goûter, car ce temps est nécessaire pour que les saveurs libérées par la cuisson diffusent à travers la masse du pâté. On constatera d'ailleurs qu'il est encore meilleur deux ou trois jours plus tard.

12 — UN ROUX POUR LIER UNE BLANQUETTE

1 kg de tendron ou de haut de côtes de veau • 1 carotte • 1 oignon • 30 g de beurre • 40 g de farine • 2 jaune d'œuf • Crème fraîche • Muscade râpée, sel, poivre, thym, laurier.

Premier temps : cuisson de la viande. C'est une cuisson de type éponge, car c'est la sauce qui va donner son goût au plat. On dispose dans une casserole profonde mais pas trop grande la viande coupée en morceaux de 5 cm de côté et on la mouille d'un litre d'eau froide. Toute la viande doit être recouverte. On amène lentement à l'ébullition et on enlève l'écume qui se forme pendant vingt minutes. Ajouter alors le sel (une demi-cuillerée à café), la carotte pelée et coupée en fines tranches, l'oignon coupé en quatre et le bouquet garni, formé de deux branches de thym et d'une feuille de laurier attachées ensemble. Couvrir et faire cuire à ébullition très douce pendant une heure et demie. Le niveau du liquide ne doit pratiquement pas avoir baissé dans la casserole. Filtrer le liquide sur une passoire fine et le réserver à portée de la main. Disposer la viande, sans les légumes de cuisson, dans le plat de service et s'arranger pour la maintenir au chaud.

Second temps : la sauce, faite à partir d'un roux. Dans une casserole à fond assez épais, mettre le beurre à fondre sur feu très doux. Dès que tout est bien fondu, jeter la farine en une seule fois et bien mélanger au beurre avec une cuiller en bois. Baisser le feu au minimum et laisser le mélange s'étaler au fond de la casserole en faisant des bulles. Remuer de temps en temps en surveillant attentivement la couleur. Dès que la farine commence à devenir brun clair, sortir la casserole du feu et verser rapidement le jus de cuisson de la viande en remuant vigoureusement. Ajouter une demi-cuiller à café de muscade râpée et chauffer à feu vif sans jamais cesser de remuer. Ralentir le chauffage quand commence l'ébullition et continuer à tourner avec la cuiller en bois pendant dix minutes. La sauce épaissit progressivement. Ramener le feu à sa valeur minimum et mettre la casserole sur le côté de ce feu réduit pendant encore dix minutes, sans tourner. Au bout de ce temps, les grumeaux, les débris de viande et l'excédent de graisse se sont accumulés autour du point d'ébullition et il suffit de les enlever à la cuiller. Retirer alors du feu.

Troisième temps : liaison à l'œuf et service. Mélanger soigneusement dans un bol deux jaunes d'œuf et une bonne cuillerée à soupe de crème fraîche. Ajouter une à une et en remuant bien quatre cuillerées à soupe de la sauce qu'on vient de préparer. Verser le contenu du bol dans la casserole contenant la sauce en tournant vigoureusement et reporter à l'ébullition tout en continuant à remuer. Dès que la sauce a pris un bouillon, la répandre sur la viande et servir, accompagné de riz ou de pâtes.

13 — ILES FLOTTANTES, CARAMEL ET GLACE AU CHOCOLAT

6 œufs • 3/4 litre de lait • 1/2 gousse de vanille • 150 g de sucre en poudre • 15 morceaux de sucre.
Pour la glace au chocolat : 40 g de cacao amer.

On fait chauffer jusqu'à ébullition dans une grande casserole 1/2 litre de lait avec la 1/2 gousse de vanille fendue dans le sens de la longueur. Pendant que le lait chauffe, on sépare les blancs des jaunes et on monte en neige très ferme l'équivalent de trois blancs. À l'aide d'une cuiller à café, on prélève trois cuillerées de blanc en neige qu'on dépose délicatement sur le lait maintenu en frémissement. Pour que les îles gonflent et se raffermissent, on compte une minute, on retourne et on compte à nouveau une minute. À l'aide d'une écumoire, on dépose alors les trois îles sur une passoire tapissée d'un morceau de papier « essuie-tout ». On recommence jusqu'à épuisement des blancs.

Pour préparer la crème anglaise, on filtre le restant de lait et on complète avec 1/4 de litre de lait frais. Avec un batteur, on bat les 6 jaunes avec le sucre en poudre jusqu'à obtenir une crème mousseuse qu'on transfère dans la casserole. On remplit l'évier de 10 cm d'eau fraîche. On chauffe à feu doux la casserole en remuant constamment avec une cuiller en bois. Il ne faut surtout pas laisser bouillir. Lorsque l'écume qui est à la surface disparaît et que la crème commence à épaissir, il faut vite retirer la casserole du feu, la mettre dans l'eau fraîche tout en continuant à remuer pendant quelques minutes. ATTENTION : la cuisson de la crème est délicate. Si l'on possède un thermomètre à sucre, il faut surveiller la température pendant toute la cuisson et arrêter dès qu'elle atteint 83 °C.

Lorsque la crème est tiède, on la verse dans un plat de service, après avoir enlevé la gousse de vanille ; on pose les îles dessus qu'on saupoudre de sucre et qu'on nappe avec un caramel.

ATTENTION, le caramel est un liquide extrêmement chaud dont les brûlures sont redoutables. Dans une petite casserole, on dépose 15 morceaux de sucre qu'on mouille avec 6 cuillerées à soupe d'eau. On porte à l'ébullition et on la maintient jusqu'à ce qu'une coloration dorée apparaisse. On remue alors la casserole jusqu'à ce que la coloration soit homogène. On coupe le chauffage et on verse immédiatement un peu de caramel sur chacune des îles. On met au réfrigérateur au minimum deux à trois heures avant de déguster.

La crème anglaise peut, sans ses îles, accompagner de nombreux gâteaux. Elle peut aussi servir à préparer de délicieuses glaces, par exemple une glace au chocolat, à condition de posséder une sorbetière. Il suffit de verser la crème en fin de cuisson dans un récipient contenant 40 g de cacao amer en fouettant vivement pour obtenir une pâte lisse sans grumeaux. Après refroidissement, on met dans une sorbetière qu'on fait tourner deux à trois heures dans le congélateur.

Table des matières

Imprimé en France, par Mame Imprimeurs à Tours - N° 23654
Dépôt légal : N° 5945-11-89
ISBN : 2-01-014781-2
29/1026/01/3